PREMIÈRE

NOTIONS DE GRAMMAIRE

A

L'USAGE DES ENFANTS DES ÉCOLES

PRIMAIRES ÉLÉMENTAIRES

Par M. E. Marais

Ancien Principal, S.-Inspecteur des Écoles Primaires.

GRAVILLE.

LIBRAIRIE SPÉCIALE DES ÉCOLES PRIMAIRES

DE O. PRUDHOMME, IMPRIMEUR.

1847

PREMIÈRES NOTIONS

DE

GRAMMAIRE.

PREMIÈRES
NOTIONS DE GRAMMAIRE

A

L'USAGE DES ENFANTS DES ÉCOLES

PRIMAIRES ÉLÉMENTAIRES

Par M. E. Marais

Ancien Principal, S.-Inspecteur des Écoles Primaires.

GRAVILLE.

LIBRAIRIE SPÉCIALE DES ÉCOLES PRIMAIRES

DE O. PRUDHOMME, IMPRIMEUR.

———

1847

PREMIÈRES NOTIONS

DE

GRAMMAIRE.

PRÉLIMINAIRES.

PREMIÈRE PARTIE DU TABLEAU.

Dans les écoles primaires, la grammaire est le livre qui est mis, en dernier lieu, entre les mains des enfants, quand toutes fois, une grammaire paraît dans l'école. L'enfant en est à sa dernière année ; on lui fait apprendre, ligne par ligne, les premiers chapitres de Chapsal, Bescherelle ou autre grammairien (à commencer par : La grammaire est l'art de parler et d'écrire correctement. Le moment d'abandonner l'école est arrivée et l'étude grammaticale est terminée; encore cette étude tronquée et insignifiante n'est-elle que le privilége de quelques-uns. Avec une pareille méthode, on ne peut obtenir aucan résultat, et c'est ce qui arrive généralement. En suivant une autre marche, on arriverait à naturaliser l'étude de la grammaire dans nos écoles primaires élémentaires. C'est le but que je me suis proposé d'atteindre par mon tableau des premières notions de grammaire.

On conçoit que les notions de grammaire données à des enfants ne doivent point renfermer une grammaire entière, même abrégée comme celle de Lhomond. Il ne faut d'abord que les principes les plus essentiels ; l'étude de la grammaire doit se graduer comme toutes les **autres** études. Il faut savoir passer sous silence telle ou telle partie de la science ou de l'art que l'on enseigne, quand cette partie n'est pas encore proportionnée à la capacité des enfants pour lesquels on travaille. J'agis avec les enfants pour la grammaire, comme on agit avec eux en leur montrant d'abord les objets, pour leur en apprendre les noms, puis les usages. Ce n'est que plus tard, quand le développement de l'intelligence le permet, qu'on leur donne la raison de ces noms, de ces usages.

Il y a deux sortes d'orthographe : l'orthographe usuelle et l'orthographe grammaticale. La première consiste en l'orthographe des mots en eux-mêmes ; rien n'est plus facile que d'y former les enfants par une épellation bien faite, par la lecture, par une bonne prononciation, et par des exercices faciles, préparés pour les conduire en même temps à l'orthographe grammaticale. Par de simples exercices, j'apprends l'orthographe usuelle, et par la connaissance des premiers principes de la grammaire, je prépare la voie de l'orthographe grammaticale.

PREMIÈRE PARTIE.

Cette première partie comprend : *les voyelles ; les consonnes ; les signes orthographiques.* Elle doit être apprise à mesure que l'enfant avance dans la lecture.

Quand le maître fera apprendre les lettres de l'alphabet à l'enfant, il lui fera retenir, en même temps, qu'il y a 25 lettres, 6 *voyelles* et 19 *consonnes.* (Il les lui montrera sur le tableau). Il lui fera distinguer les *majuscules* et les *minuscules.*

Quand le maître montrera l'épellation, il lui fera retenir, en même temps, qu'il y a 3 *accents;* 3 sortes d'*e* ; des voyelles *longues* et des *brèves*, il fera reconnaître les accents que l'on place sur l'*e* fermé, *l'e* ouvert et sur les voyelles *longues*; et donnera la prononciation de l'*h* muette ou aspirée, *de l'y grec;* l'emploi de la *cédille* et du *tréma.*

Le maître aura mille occasions d'adresser des questions aux enfants, et de graver ainsi dans leur mémoire, presque sans efforts, ces premières notions.

Quelle est cette lettre ? une consonne ou une voyelle.

Quel est cette accent? cette voyelle est-elle longue ou brève ? etc.

La réponse devra toujours venir de l'enfant; s'il ne la trouve pas de lui-même, le maître doit la lui montrer sur le tableau.

Les enfants , ainsi préparés , distingueront une voyelle d'une consonne ; une voyelle longue d'une brève, etc. et arriveront à la lecture courante mieux disposés à en apprendre les règles. Quand on leur dira, par exemple , que la consonne *t* doit sonner sur la voyelle qui commence le mot suivant, ils connaîtront ce qu'on voudra leur dire par voyelle et par consonne. Combien n'ai-je pas vu d'enfants qui, par habitude, faisaient assez bien, dans leur lecture, sonner les consonnes sur les voyelles, et qui ne savaient pas distinguer les unes des autres. C'est un vice qu'il faut détruire.

La lecture courante achèvera de faire connaître *l'apostrophe, le trait-d'union* et les signes de *ponctuation.* Les enfants auront vu les signes sur le tableau, et il sera facile , par une application continuelle , de leur en faire connaître l'usage.

J'ai ajouté *les 2 genres et les 2 nombres.* L'enfant n'a qu'à retenir qu'il y a en français *masculin et féminin, singulier et pluriel.* Ainsi préparé il passera à la 2e partie.

SECONDE PARTIE

Le *m*. Combien il y a-t-il d'espèces de mots ?

L'*él*. Il y en a 10 (le maître met sa **baguette** sur le chiffre 10).

Le *m*. Nomme-les.

L'*él*. (suivant la baguette du maître). Le *nom*, *l'article*, etc...

Le *m*. Combien il y a-t-il de *genres*?

L'*él*. Il y en a deux.

Le *m*. Nomme-les.

L'*él*. Le *masculin* et le *féminin*.

Le *m*. Combien il y a-t-il de *nombres*.

L'*él*. Il y en a deux.

Le *m*. Nomme-les.

L'*él*. Le *singulier* et le *pluriel*.

Le *m*. Combien il y a-t-il de mots variables pour le genre et pour le nombre?

L'*él*. Il y en a 4.

Le *m*. Nomme-les.

L'*él*. Le *nom*, *l'art*, etc.

Nota. — Toutes les fois que le maître adresse une question, il doit en montrer la réponse sur le tableau, avec sa baguette. A la seconde leçon, le maître ne doit plus montrer avec sa baguette, les enfants doivent voir d'eux-mêmes. Enfin, quand le maître pense que les enfants savent par cœur, il doit les interroger sans le secours du tableau.

Comme cette remarque s'applique à toutes les leçons, il est inutile de la répéter.

DU NOM (en général).

Le *m*. (montrant un élève). Coment nommes-tu ton camarade ?

L'*él.* Pierre.

Le *m.* Ainsi le mot *Pierre* te sert à nommer ton camarade?

Si une personne passait dans la rue, que tu ne la connaisses pas, et que tu veuilles la connaître que demanderais-tu?

L'*él.* Je demanderais son nom.

Le *m.* Supposons que cette personne se nomme *Morel*, que serait ce mot Morel?

L'*él.* Le nom d'une personne.

Le *m.* Ainsi, toutes les fois qu'un mot, comme *Pierre* ou *Morel* sert à nommer une personne, ce mot est un nom de personne.

Dis-moi alors quand un mot est un nom de personne.

L'*él.* Un mot est un nom de personne quand ce mot sert à nommer une personne.

Le m. Nomme-moi des personnes que tu connaisses?

L'*él.* *Jules*, *Henri*, *Joseph*, etc.

Le *m.* Ces mots *Jules*, *Henri*, *Joseph*, que sont-ils?

L'*él.* Des noms de personnes.

Le *m.* (en montrant un *livre*). Qu'est-ce que cette chose?

L'*él.* C'est un livre.

Le *m.* Ainsi le mot *livre* sert à nommer la chose que je montre.

Le *m.* (montrant une *plume*). Qu'est-ce que cette chose?

L'*él.* C'est une plume.

Le *m.* Ainsi le mot *plume* sert à nommer la chose que je montre.

Toutes les fois qu'un mot comme *livre* ou **plume**

sert à nommer une chose ; ce mot est un nom de chose.

Dis-moi alors quand un mot est un nom de chose.

L'él. Un mot est un nom de chose quand le mot sert à nommer une chose.

Le *m.* Nomme-moi plusieurs choses dans cette classe.

L'él. Table, papier, banc, etc.

Le *m.* Ces mots *table, papier, banc*, etc., que sont-ils?

L'él. Des noms de chose ?

Le *m.* Ainsi tu vois que lorsqu'un mot sert à nommer des personnes ou des choses, ce mot s'appelle un nom?

Si je te faisais maintenant la question. Qu'est-ce qu'un nom?

L'él. Un nom, *c'est un mot qui sert à nommer les personnes et les choses.*

Nota. — Comme ce livre est destiné aux maîtres, je dois être sobre de développements. Un exemple ou deux suffit à l'instituteur pour comprendre la marche qu'il doit suivre. Je recommande particulièrement aux maîtres, dans leurs explications, de ne se servir que des mots connus des enfants ; et de ne présenter à leurs élèves que des idées simples, élémentaires, qui puissent entrer facilement dans des intelligences naissantes, idées qui doivent toujours reposer sur celles que l'on sait être déjà connues des enfants. Quant aux exemples, il faut particulièrement choisir les objets qui sont le plus à la connaissance des enfants.

Le maître fera toujours écrire ou écrira lui-même, sur le tableau noir, tous les noms qu'il donnera pour exemples. Il commencera ainsi à graver, dans la mémoire des enfants, l'orthographe des mots donnés en exemple, en même temps qu'il les conduira à l'interprétation des définitions qu'il doit leur faire apprendre.

Comme cette remarque s'applique à tout l'ouvrage, je ne la répèterai plus.

DE L'ARTICLE.

Le m. L'article est un petit mot que l'on place devant les noms.

Dis-moi quel est l'article que l'on place pour le masculin et le singulier (Le maître montre sur le tableau) ?

L'él. C'est l'article *le*.

Le m. Ainsi, quand tu verras le petit mot *le* placé devant un nom, tu sauras que ce nom est au masculin et au singulier.

Par exemple, quand je dis le maître, de quel genre est le nom *maître* ?

L'él. Du genre masculin.

Le m. Et de quel nombre est-il ?

L'él. Du nombre singulier .

Le m. Dis—moi quel est l'article que l'on place pour le féminin et le singulier.

L'él. C'est l'article *la*.

Le m. Ainsi, quand tu verras le petit mot *la* placé devant un nom, tu sauras que ce nom est au féminin et au singulier.

Par exemple, quand tu dis, la maison, de quel genre est le nom *maison ?*

L'él Du genre féminin.

Le m. Et de quel nombre est-il?

L'él. Du nombre singulier.

Le m. Dis—moi quel est l'article que l'on place pour le masculin ou féminin et le pluriel.

L'*él.* C'est l'article *les*.

Le *m*. Ainsi, quand tu verras le petit mot *les* placé devant un nom, tu sauras que ce nom est masculin ou féminin et pluriel.

Nous ne sommes pas embarrassés pour le mot *le*, il marque toujours le genre *masculin* et le nombre *singulier*.

Le mot *la* marque toujours le genre *féminin* et le nombre *singulier*.

Nous ne serons pas embarrasés non plus pour le mot *les* quant au nombre, il marque toujours le pluriel; mais pour le genre, puisqu'il marque le masculin aussi bien que le féminin, comment faire?

L'*él.* Je ne sais pas.

Le *m*. Voyons d'abord; quand je dis les tables, de quel nombre est le nom *tables?*

L'*él.* Du nombre pluriel.

Le *m*. Maintenant il faut connaître le genre du nom *tables*. Au lieu de prendre l'article *les*, prends l'article *le* ou l'article *la*, et vois si tu peux dire le table ou la table.

L'*él.* Je dis la table.

Le *m*. De quel genre sera *la table?*

L'*él.* Du genre féminin.

Le *m*. Alors le nom *tables* sera pluriel et féminin.

Quand je dis : *les chapeaux*, de quel nombre est le nom *chapeaux?*

L'*él.* Du nombre pluriel.

Le *m*. Voyons maintenant pour le genre. Prends *le* ou *la* à la place de *les* et vois si tu dis le chapeau ou la chapeau.

L'*él.* Je dis le chapeau.

Le *m*. De quel genre est le chapeau?

L'él. Du genre masculin.

Le m. De quel genre sera alors *les chapeaux* ?

L'él. Du genre masculin.

Le m. Ainsi le petit mot qu'on nomme *article* et qu'on place devant les noms fait connaître si ces noms sont au masculin ou au féminin, c'est-à-dire, leur genre; et s'ils sont au singulier ou au pluriel, c'est-à-dire leur nombre.

Maintenant dis-moi où l'on place l'article?

L'él. On le place devant les noms.

Le m. L'article placé devant les noms que marque-t-il?

L'él. Il marque le genre et le nombre des noms.

Le m. Dis-moi alors : qu'est-ce que l'article?

L'él. C'est un petit mot qu'on place devant les noms et qui marque le genre et le nombre de ces noms.

Nota. — Le maître se servira toujours de cet emploi de l'article pour faire connaître le genre et le nombre des noms.

L'ADJECTIF.

Le m. Quand je dis le maître. Qu'est-ce que le mot *maître*?

L'él. C'est un nom de personne.

Le m. Qu'est que le petit mot *le* ?

L'él. C'est l'article masculin singulier, placé devant le nom maître.

Le m. Si au nom maître, j'ajoutais le mot *bon,* le *maître bon,* que serait ce mot *bon*?

L'él. Je ne sais pas.

Le m. Eh bien ! voyons si à ce mot *bon* tu peux joindre le mot *personne* ou le mot *chose.* Peut-on dire *la personne bonne, la chose bonne* ?

L'él. Oui , Monsieur.

Le *m.* Quand je dis *la table* : qu'est-ce que le mot *table?*

L'él. C'est un nom de chose.

Le *m.* Si au nom *table* j'ajoutais le mot *ronde, la table ronde,* que serait le mot ronde ajouté au nom *table?*

L'él. Je ne sais pas.

Le *m.* Eh bien ! voyons si à ce mot *ronde* tu peux joindre le mot *personne* ou le mot *chose.* Peut-on dire *une chose ronde* ?

L'él. Oui, Monsieur.

Le *m.* Tout mot ajouté ainsi au nom, et auquel on peut joindre le mot *personne* ou *chose,* est un mot qu'on nomme *adjectif.* Prenons le mot *sage,* peux-tu dire, *une personne sage* ?

L'él. Oui, Monsieur.

Le *m.* Alors que sera le mot *sage?*

L'él. Ce sera un adjectif.

Le *m.* Prenons le mot *rouge,* peux-tu dire , une chose rouge ?

L'él. Oui, Monsieur.

Le *m.* Alors que sera le mot *rouge?*

L'él. Ce sera un adjectif.

Le *m.* Ainsi, tu vois que *l'adjectif* est un mot que l'on ajoute au nom et que l'on reconnaît quand on peut joindre à ce mot le mot *personne* ou *chose.* Dis-moi maintenant ce qu'on appelle *adjectif?*

L'él. L'adjectif est un mot qu'on ajoute au nom et qu'on reconnaît quand on peut joindre à ce mot le mot personne ou chose.

Nota. — C'est en donnant ainsi à l'enfant un certain nombre de noms qu'il connaît, en y ajoutant des

adjectifs qu'il connaisse aussi , comme *mauvais ,
paresseux, propre*, etc., et en l'accoutumant à y joindre
le mot personne ou chose , qu'on parviendra à faire
arriver à son intelligence la notion de l'adjectif. Plus tard,
on lui fera connaître la distinction des cinq sortes
d'adjectifs.

DU PARTICIPE PASSÉ.

Le maître ne doit point s'appesantir sur la notion du
participe passé. Il doit en donner l'idée par quelques
exemples familiers aux enfants, et le leur faire considérer
comme un adjectif susceptible du genre et du nombre.

Ex. *Le maître aimé. Le livre rendu. Le paquet reçu.
Le devoir fini.*

FORMATION DU FÉMININ DANS LES NOMS.

L'adjectif et le Participe Passé.

1ere COLONNE. NOMS D'UN SEUL GENRE.

*Le plus grand nombre des noms en français n'a qu'un
seul genre, c'est-à-dire que ces noms sont ou Masculins
ou Féminins.*

Le *m*. Regarde bien ton tableau. Tu te rappelles
bien ce que tu as appris de l'article. Prenons le mot
table; Peux-tu dire la table ?

L'él. Oui, Monsieur.

Le *m*. De quel genre alors est le mot *table ?*

L'él. Du genre féminin.

Le *m*. Pourrais-tu dire *le table ?*

L'él. Non, Monsieur.

Le *m*. Ainsi, le nom *table*, tu peux l'employer au
féminin , mais tu vois que tu ne l'emploies pas au
masculin. Prenons le nom *canif*. Peux-tu dire *le canif ?*

L'él. Oui, Monsieur.

Le *m*. De quel genre est le nom *canif*?

L'*él*. Du genre masculin.

Le *m*. Pourrais-tu dire la *canif*?

L'*él*. Non, Monsieur.

Le *m*. Ainsi le nom *canif*, que tu emploies bien au masculin, tu ne peux l'employer au féminin. Le nom *table* s'emploie seulement au féminin comme le nom *canif* s'emploie seulement au masculin.

Le plus grand nombre des noms en français n'ont ainsi qu'un genre, c'est-à-dire, qu'ils sont ou masculins ou féminins. Tu vas en écrire, sur le tableau noir, un certain nombre que tu connais.

Nota. — Pour aider les maîtres à trouver tout de suite un certain nombre de noms usuels et connus, j'en ai dressé une liste, que le maître augmentera ou diminuera suivant le besoin qu'il en aura pour ses leçons.

NOMS DES DEUX GENRES.

Noms terminés par un e muet.

1ère *Règle*. **Les noms terminés par un *e* muet ne changent pas de terminaison au féminin.**

Ex. *Le camarade.*

La camarade.

L'adjectif suit la même règle.

Ex. Parlant d'un garçon, l'on dit : *le camarade modeste*. En parlant d'une fille, *la camarade modeste*.

Noms de toute terminaison autre que l'e muet.

2ème *Règle*. **Tout nom qui n'est pas terminé par un *e* muet, ajoute un *e* muet à la terminaison du masculin, pour former le féminin.**

Ex. *Le voisin. Le marchand.*

La voisine. La marchande.

L'adjectif suit la même règle.

Ex. *Le voisin charmant, etc.*

La voisine charmante.

Le participe passé suit la même règle.

Ex. *Le père aimé, le livre vendu.*

La mère aimée, la grammaire vendue, etc.

Nota. — Faire remarquer à l'enfant que le participe passé ne suit que cette règle.

Cette règle donne lieu à quatre remarques.

1ᵉʳᵉ *Remarque.* Noms terminés en *ier* et en *er*.

Ces noms ajoutent un *e* muet, suivant la règle générale; mais de plus ils prennent un accent grave sur *l'e* qui précède *l'r* final.

Ex. *Le jardinier, le boulanger.*

La jardinière, la boulangère, etc.

L'adjectif suit la même règle.

Ex. *Le jardinier grossier, le ménager léger.*

La jardinière grossière, la ménagère légère.

2ᵉᵐᵉ *Remarque.* Noms terminés par *x*.

Ces noms ajoutent un *e* muet, suivant la règle générale, mais avant ils changent *l'x* en *s*. Ex. *L'époux, l'épouse.*

L'adjectif suit la même règle. Ex. *L'époux vertueux, l'épouse vertueuse.*

Adjectifs terminés par un *f. Actif. Vif.*

Ces adjectifs prennent aussi un *e* muet, mais ils changent avant *l'f* en *v*. Ex. *L'homme actif, la femme active.*

3ᵉᵐᵉ *Remarque.* Noms terminés par *en, et, on*.

Ces noms ajoutent un *e* muet, suivant la règle générale; mais auparavant ils doublent la dernière consonne *n, t*.

Ex. *Le gardien, le fripon, le cadet.*

La gardienne, la friponne, la cadette, etc.

L'adjectif suit la même règle, ainsi que les adjectifs terminés par *el*, *eil*.

Ex. *Le musicien italien, le cadet muet, le cheval pareil.*

La musicienne italienne, la cadette muette, la jument pareille, etc.

4eme *Remarque.* **Noms terminés par** *eur*.

Ces noms changent leur terminaison *eur*, en *euse*, *rice*, *eresse*.

Ex. *Le voyageur, l'instituteur, le pécheur.*

La voyageuse, l'institutrice, la pécheresse, etc.

L'adjectif suit la même règle.

Ex. *Le voyageur causeur, le pécheur vengeur.*

La voyageuse causeuse, la pécheresse vengeresse.

Nota. — Le maître doit apprendre ces règles aux enfants, en leur faisant écrire sur le tableau noir un certain nombre de noms, d'adjectifs et de participes passés connus, ayant rapport à chacune des règles. Il fera écrire d'abord séparément chacune de ces espèces de mots, à mesure qu'il passera d'une colonne à l'autre, puis il joindra l'article avec le nom ; l'article avec le nom et l'adjectif; l'article avec le nom et le participe passé.

Ces exercices doivent non seulement servir à graver les règles de la formation du féminin dans les mots en *f*, mais ils doivent encore servir à faire connaître aux enfants le vrai nom des objets qu'ils connaissent, la prononciation et l'orthographe de ces mêmes noms. Pour cela, le maître doit particulièrement recueillir les noms impropres dont se servent ordinairement les élèves. Par Ex. C'est une habitude assez générale à la campagne et même à la ville de dire « *castrole, castonnade, cambrette, barette;* on leur apprendra qu'on dit : *casserole, cassonnade, laiterie, baratte.*

Les enfants s'accoutumeront ainsi de bonne heure à faire disparaître de leur langage , un certain nombre de mots vicieux.

Jamais le maître ne doit perdre de vue que, dans toutes ses leçons, il doit s'attacher à enlever de l'esprit des enfants non seulement les mots vicieux , comme je le recommande ici, mais encore les mauvaises locutions. Le soin qu'il s'en donnera l'aidera puissamment à apprendre plus facilement aux enfants à parler et à écrire correctement.

Le maître s'arrêtera particulièrement sur les colonnes qui sont d'un usage plus fréquent.

Il accompagnera ses exercices de questions en rapport avec la règle qu'il voudra faire retenir.

Par Ex. Comment forme-t-on le féminin dans les noms terminés par un *e* muet , et dans les adjectifs ?

Comment forme-t-on, en général, le féminin dans les noms en français, et dans les adjectifs, et dans le participe passé ?

Comment forme-t-on le féminin dans les noms terminés par *ier, on, er* , et dans les adjectifs ? etc.

Il emploiera enfin *l'analyse*. Elle ne sera que la répétition du tableau.

Par Ex. *Le pupitre.*

Le…. article, masculin, singulier.

Pupitre…. nom, masculin, singulier.

Ex. *La plume.*

La…. article, féminin, singulier.

Plume…. nom, féminin, singulier.

Ex. *Le soldat courageux.*

Le…… article, etc.

Soldat…. nom, etc.

Courageux…. adjectif, masculin , singulier , etc.

Le maître, en donnant ainsi de petites phrases à analyser, exercera en même temps l'élève à former lui-même le féminin, soit des noms, soit des adjectifs, soit du participe passé.

Par Ex. *Le garçon vertueux.*

Le camarade sage.

Le voisin complaisant.

Le livre vendu.

Le jardinier fier, etc.

L'élève mettra lui-même les mêmes phrases au féminin, et en fera l'analyse.

Nota — Le maître fera remarquer à l'enfant, par une suite d'exemples, que quand le nom est masculin, l'adjectif qu'on y ajoute est masculin; quand le nom est féminin, l'adjectif est féminin. Il fera une pareille remarque quand l'enfant connaîtra la formation du pluriel, et il en tirera la règle de l'adjectif. « *L'adjectif s'accorde en genre et en nombre avec le nom auquel il est joint.* »

FORMATION DU PLURIEL DANS LES NOMS,
L'adjectif et le participe passé.

1ere Règle. — 1ere *Colonne.*

Des noms terminés au singulier par *s-x-z.*

Ces noms ne changent pas au pluriel.

Par Ex. *La croix, le corps, le gaz.*

Les croix, les corps, les gaz, etc.

L'adjectif suit la même règle.

Par Ex. *Le corps gras, l'époux vertueux.*

Les corps gras, les époux vertueux, etc.

Le participe passé suit la même règle.

Par Ex. *Le repas promis.*

Les repas promis, etc.

Nota. — Il n'y a pas d'adjectifs terminés par un z
Il n'y a pas de participes passés terminés par x ou z.

2^{mé} Règle. — 2me *Colonne.*

Des noms de toute autre terminaison au singulier.

Règle générale. Pour former le pluriel dans les.
noms, on ajoute un *s* à la terminaison du singulier.

Par 'Ex. *Le peintre, le soldat.*
Les peintres, les soldats, etc.

L'adjectif suit la même règle.

Par Ex. *Le peintre habile.*
Les peintres habiles, etc.

Le participe passé suit la même règle.

Par Ex. *Le champ cultivé, le livre vendu.*
Les champs cultivés, les livres vendus, etc.

Nota. — L'article suit la même règle, *le, les.*

Cette règle générale donne lieu à deux *remarques.*

3me Colonne.

1ere *Remarque.* Noms terminés au singulier par
eau, au, eu.

Ces noms ajoutent un *x* à la terminaison du singulier
pour former le pluriel.

Par Ex. *Le couteau, le tuyau, le jeu.*

Les couteaux, les tuyaux, les jeux, etc.

L'adjectif suit la même règle.

Par Ex. *Le chapeau nouveau.*

Les chapeaux nouveaux, etc.

4me Colonne.

2me *Remarque.* Noms terminés au singulier par *al.*

Ces noms changent *al* en *aux.*

Par Ex. *Le cheval.*

Les chevaux , etc.

L'adjectif suit la même règle.

Par Ex. *Le cheval brutal.*

Les chevaux brutaux , etc.

Nota. — Le maître doit suivre la même marche que celle qui a été indiquée pour apprendre les règles de la formation du féminin.

Il doit reprendre autant que possible les mots employés au singulier , dans les exercices , l'analyse et les questions.

PRONOMS PERSONNELS ET VERBES AUXILIAIRES
Être et Avoir.

Le maître fera apprendre en même temps les pronoms personnels et les verbes auxiliaires *être* et *avoir.*

Le *m.* Quel est le mot variable pour le genre, le nombre et les personnes? (Le maître montre sur le tableau.)

L'*él.* C'est le pronom personnel.

Le *m.* Tu as vu qu'il y a deux genres, le *masculin* et le *féminin* , deux nombres , le *singulier* et le *pluriel ;* le pronom prend aussi les deux genres et les deux nombres. Mais nous disons de plus qu'il varie pour les personnes.

Dis-moi combien il y a de personnes ?

L'*él.* Il y en a trois.

Le *m.* Dis-moi quel est le pronom personnel que l'on emploie à la **1re** personne masculin et féminin singulier ?

L'*él.* *Je.*

Le *m.* Et au pluriel ?

L'*él.* *Nous.*

Le *m*. Dis–moi quel est le pronom personnel que l'on emploie à la 2me personne masculin et féminin singulier ?

L'*él*. *Tu.*

Le *m*. Et au pluriel ?

L'*él*. *Vous.*

Le *m*. Ainsi tu vois que les pronoms personnels *je* où *tu*, pour la 1ere et la 2me personne au singulier, s'emploient en même temps pour les deux genres ; comme les pronoms personnels *nous*, *vous*, au pluriel, s'emploient aussi pour les deux genres.

Dis–moi quel est le pronom personnel que l'on emploie à la 5me personne masculin singulier ?

L'*él*. *Il.*

Le *m*. Et à la troisième personne féminin singulier ?

L'*él*. *Elle.*

Le *m*. Et au masculin pluriel ?

L'*él*. *Ils.*

Le *m*. Et au féminin pluriel ?

L'*él*. *Elles.*

Le *m*. Tu vois que le pronom personnel de la 5me personne a deux formes au singulier, une pour le masculin, *il*, et une pour le féminin *elle*. Il a aussi deux formes au pluriel, une pour le masculin *ils*, et une pour le féminin, *elles*.

Nota. — Faire rappeler à l'enfant que dans la formation du pluriel, il a appris qu'il fau*t* ajouter un *s*, et lui en montrer l'application dans *il*, *ils*, *elle*, *elles*. Toutes les fois que le maître, à mesure qu'il avancera dans le tableau, aura l'occasion de rappeler ainsi les règles, soit sur la formation du pluriel, comme pour *tel*, *tels*, *ce*, *ces*. *Le mien*, *les miens*, etc., soit pour la formation du féminin, comme pour : *un*, *une*, *tel*, *telle*, *le mien*, *la mienne*, etc., il ne devra point la négliger.

Le *m.* (en s'adressant à un élève). Comment t'appelles-tu ?

L'*él.* *Pierre.*

Le *m.* Quand tu parles de toi, et que tu veux dire que tu es le premier de la classe, dis-tu, Pierre suis le premier (mettre ainsi sur le tableau noir), ou je suis le premier?

L'*él.* Je dis : je suis le premier.

Le *m.* Ainsi quand tu parles, et que tu parles de toi, tu n'as pas besoin de mettre ton nom *Pierre*, tu mets à la place le mot *je*. De quel genre est ton nom *Pierre ?*

L'*él.* Du genre masculin.

Le *m.* Ainsi le mot *je*, qui tient la place de ton nom, sera du masculin. (En s'adressant à une fille.) Comment t'appelles-tu ?

L'*él.* *Caroline.*

Le *m.* Quand tu parles de toi, et que tu veux dire que tu es la première de ta classe, dis-tu : Caroline suis la première, ou je suis la première.

L'*él.* Je dis : je suis la première.

Le *m.* Ainsi quand tu parles et que tu parles de toi, tu n'as pas besoin de mettre ton nom *Caroline*, tu mets à la place le mot *je*. De quel genre est ton nom *Caroline ?*

L'*él.* Du genre féminin.

Le *m.* Ainsi le mot *je* qui tient la place de ton nom, sera du féminin.

Tu vois donc que le mot *je* est du masculin, quand il tient la place d'un nom masculin, et qu'il est du féminin, quand il tient la place d'un nom féminin.

Pierre, comment appelles-tu ton camarade? (en montrant un autre élève.)

L'*él*. *Paul.*

Le *m*. Quand tu lui parles et que tu veux lui dire qu'il est le premier de sa classe, lui dis-tu : Paul es le premier ou tu es le premier.

L'*él*. Je lui dis . tu es le premier.

Le *m*. Ainsi quand tu parles à quelqu'un, tu n'as pas besoin de mettre son nom *Paul*, tu mets à la place le mot *tu*.

De quel genre est le nom *Paul*.

L'*él* Du genre masculin.

Le *m*. Ainsi le mot *tu* qui tient la place du nom de la personne à laquelle tu parles, sera du masculin.

(En s'adressant à Caroline.) Caroline, comment appelles-tu ta camarade?

L'*él*. *Virginie.*

Le *m*. Et quand tu lui parles et que tu veux dire... etc.

Tu vois donc que le mot *tu* est du masculin, quand il tient... etc.

(En s'adressant à Pierre.) Quand tu parles de Paul et que tu veux dire qu'il est le premier, mais qu'il n'est pas sage, dis-tu, Paul est le premier, mais Paul n'est pas sage; ou, Paul est le premier, mais il n'est pas sage?

L'*él*. Je dis : Paul est le premier, mais il n'est pas sage.

Le *m*. Ainsi quand tu parles d'une personne dont tu viens de nommer le nom, tu n'as pas besoin de répéter son nom, tu mets à la place le mot *il*.

De quel genre est le nom *Paul*, dont tu parles?

L'*él*. Du genre masculin.

Le *m*. Ainsi le mot *il* qui tient la place du nom Paul est du masculin.

(En s'adressant à Caroline.) Quand tu parles de

Virginie et que tu veux dire qu'elle est la première mais... etc.

Ainsi le mot *elle* qui tient la place du nom *Virginie* est du féminin.

Tu vois donc que *il* tient la place du nom masculin, et *elle* la place d'un nom féminin.

Tout mot comme *je*, *tu*, *il*, *elle* qui tient la place d'un nom s'appelle un pronom. Dis-moi alors ce que c'est que le pronom.

L'*él*. *Le pronom est un mot qui tient la place du nom.*

Le *m*. Tu m'as dit qu'il y a trois personnes. Tu as vu, sur ton tableau, que, au singulier, on emploie

Je pour la 1re personne ;

Tu pour la 2me id.

Il où elle pour la 3me id.

Quand tu parles, et que tu parles de toi, de quel pronom te sers-tu ?

L'*él*. (s'il ne se le rappelle pas, on lui met sous les yeux : Pierre suis le premier.) Je suis le premier.

Du pronom *Je*.

Le *m*. Ainsi tu vois que la 1re personne au singulier, représentée par *je*, est celle qui parle.

Quand tu parles à quelqu'un, par ex. à Paul, de quel pronom te sers-tu ?

L'*él*. Du pronom *Tu*.

Le *m*. Ainsi tu vois que la 2me personne au singulier (représentée par *tu*) est celle à qui l'on parle.

Quand tu parles de quelqu'un, par ex. de Paul, de quel pronom te sers-tu ?

L'*él*. Du pronom *Il*.

Le *m*. Ainsi tu vois que la 3me personne, au singulier, est celle de qui l'on parle.

Dis–moi maintenant ce que c'est que la 1re, la 2me et la 3me personne.

L'*él*. La 1re personne est celle qui parle.
La 2me est celle à qui l'on parle. } au singulier.
La 3me est celle de qui l'on parle.

Le *m*. Il en est de même pour le pluriel.

La première personne est celle qui parle, *nous*.

La 2me celle à qui l'on parle, *vous*.

La 3me celle de qui l'on parle, *ils*, *elles*.

Nota. — Le maître voit facilement les explications qu'il doit donner pour le pluriel, s'il en est besoin.

VERBES AUXILIAIRES ÊTRE ET AVOIR.

Le *m*. Combien il y a–t–il de modes ? (montrant le tableau.)

L'*él*. Cinq.

Le *m*. nomme-les.

L'*él*. L'indicatif, le conditionnel, etc.

Combien il y a-t-il de temps ?

L'*él*. Trois.

Le *m*. Nomme–les.

L'*él*. Le présent, le passé et le futur.

Le *m*. Combien il y a–t–il de temps *présent ?*

L'*él*. Un seul.

Le *m*. Combien il y a-t-il de temps *passé ?*

L'*él*. Il y en a cinq.

Le *m*. Nomme-les.

L'*él*. L'imparfait, etc.

Le *m*. Combien il y a-t-il de temps *futur*?

L'*él*. Deux.

Le *m*. Nomme-les.

L'*él*. Le futur et le futur antérieur.

Le *m*. Tu sais qu'il y a trois personnes au singulier représentées par *je*, *tu*, *il*, *elle*, et trois au pluriel, représentées par *nous*, *vous*, *ils*, *elles*. Tu sais aussi qu'il y a deux nombres, le singulier et le pluriel.

Tu vois que le verbe varie pour les nombres, comme le nom, l'article, l'adjectif, le participe passé et le pronom; qu'il varie pour les personnes, comme les pronoms personnels; mais de plus, il varie pour les *modes* et les *temps*.

Le maître fera lire les deux verbes *être* et *avoir*, les fera écrire sur le tableau noir et sur le papier, et les fera apprendre. Il divisera ses leçons par *modes*, afin d'accoutumer les enfants à bien distinguer les modes. En prenant le mode *Indicatif*; il divisera ses leçons en 3 parties : 1° Temps présent; 2° Temps passé (5 passés); 3° Temps futur (2 futurs). L'élève verra plus facilement qu'il n'y a qu'un temps présent, 5 passés et 2 futurs, et que ces 8 temps se trouvent tous dans le mode *Indicatif*. Le maître prendra successivement chacun des autres *modes*, et les temps qu'ils renferment.

Ces deux verbes doivent toujours marcher de front, et le maître doit faire remarquer aux élèves les rapports qui les lient ; rapports qu'il trouvera dans la conjugaison des verbes adjectifs.

QUESTIONS, EXERCICES ET ANALYSE.

Le *m*. Qu'est-ce que le pronom ? Combien il y a-

t-il de personnes ? Quelle est la première personne ?
Quel pronom emploie-t-on à la 1re personne du
singulier , etc.

Combien il y a-t-il de modes dans un verbe ?
Les nommer , etc.

Combien il y a-t-il de verbes auxiliaires ? Quels
sont-ils ? etc.

*Je suis le fils chéri. Il a été sage. Ils seront dociles.
Nous sommes les fils chéris. Nous avons été sages. Vous
êtes studieux. Le jardinier est adroit, etc.*

Nous, pronom personnel, 1re personne pluriel mas-
    culin et féminin (ici masculin).

Sommes, verbe auxiliaire être. mode indicatif, temps
    présent, 1re personne pluriel.

Les, article pluriel des deux genres (ici masculin).

Fils, nom de personne, masculin pluriel.

Chéris, adjectif masculin pluriel (comme le nom fils).

Pour les mots des deux genres, comme *nous*, *les*,
il faut toujours, d'après ce qu'on a appris à l'élève
sur *les* et les pronoms des deux genres, lui faire
désigner le genre du mot employé dans la phrase
donnée en exercice, et pour l'adjectif lui faire rappeler
l'accord de l'adjectif avec le nom auquel il est joint.

MOTS INVARIABLES.

Le *m*. Combien il y a-t-il de mots invariables.

L'*él*. Quatre.

Le *m*. Nomme-les.

L'*él*. L'adverbe , etc.

Le maître fait lire les *adverbes*, les *prépositions*,
etc., et les fait écrire sur le tableau noir.

Je n'ai pas été sage hier , mais je serai sage aujourd'hui.

Je serai à la ville demain , etc.

NOTA. — Le maître doit être bien assuré que les élèves possèdent, comme il faut, cette première partie, avant de passer au supplément. Il ne doit pas craindre de multiplier les exercices, les questions et les analyses.

Je dois répéter ici que ce livre s'adressant à des maîtres, il est inutile que j'en augmente les pages par tous les détails qu'un maître peut et doit donner à ses élèves, suivant leur intelligence , il me suffit de tracer le chemin , pour que le maître le puisse suivre de lui-même.

SUPPLÉMENT.

L'article (article élidé).

Le *m*. Toutes les fois que *le* est placé devant un nom qui commence par une voyelle , on supprime le *e* et on met à la place une apostrophe... *l'*

   Ex.   L'assassin (*mis pour le assassin*).

       L'étain *id*.

       L'infortuné *id*.

       L'or *id*.

       L'univers *id*.

Il en est de même pour *la* Ex. L'avoine (mis pour la avoine).

       L'écurie *id*.

       L'idiote *id*.

       L'oie *id*.

       L'utilité *id*.

L'*e* de *le* et l'*a* de *la* se remplacent aussi par une apostrophe quand ils sont placés devant un nom qui commence par une *h* muette.

Ex.   L'homme (mis pour le homme).

L'histoire (mis pour la histoire).

Le *m*. Dis–moi maintenant quand on supprime *e* dans le mot *le*, ou *a* dans *la*, ce qu'on met à la place ?

L'*él*. Une apostrophe.

Le *m*. Dis–moi, quand supprime–t–on *e* dans l'article *le*, et *a* dans l'article *la ?*

L'*él*. Quand *le* ou *la* est placé devant un nom qui commence par une voyelle ou une *h* muette.

Le *m*. Par quel moyen connaitras–tu que l'apostrophe tient la place de *e* ou de *a*.

L'*él*. Je ne sais pas.

Le *m*. Il faut pour cela te servir de *un* ou de *une* au lieu de *le* ou *la*. Par Ex. dis–tu *un assassin* ou *une assassin*, etc.

·L'*él*. Je dis : un assassin.

Le *m*. Alors *l'*assassin est mis pour *le* assassin.

Par Ex. Dis–tu un écurie ou une écurie, etc.

L'*él*. Je dis une écurie.

Le *m*. Alors *l'*écurie est mis pour *la* écurie.

ARTICLE CONTRACTÉ.

Le *m*. Pourquoi est mis *du ?*

L'*él*. Pour *de-le*.

Le *m*. Pourquoi est mis *au ?*

L'*él*. Pour *à-le*.

Le *m*. *Du* qui est mis pour *de-le*, de quoi est–il composé ?

L'*él*. De la préposition *de* et de l'article *le*.

Le *m*. *Au* qui est mis pour *à-le*, de quoi est–il composé ?

L'*él*. De la préposition *à* et de l'article *le*.

Le *m. Du* et *au* qui renferment toujours l'article masculin singulier *le*, de quel genre et de quel nombre sont-ils ?

L'*él.* Du genre masculin et du nombre singulier.

Le *m.* Ainsi l'article contracté *du*, *au* étant du masculin singulier, ne se place jamais que devant un nom masculin singulier ?

Mais *du* et *au* qui se placent toujours devant un nom masculin singulier, se placent-ils devant tous les noms masculins singuliers.

L'*él.* Je ne sais pas.

Le *m.* Il faut que le nom devant lequel on place *du* et *au* commence par une consonne ou une *h* aspirée.

Ex. La maison *du* père.

La punition est due *au* paresseux.

La pêche *du* hareng.

Il est fête *au* hameau.

Pourquoi est mis *des* ?

L'*él.* Pour *de-les*.

Le *m.* Pourquoi est mis *aux* ?

L'*él.* Pour *à-les*.

Le *m.* Tu retrouves les mêmes prépositions *à-de* et l'article *les* pluriel, des deux genres. De quel nombre et de quel genre seront alors *des* et *aux* ?

L'*él.* Du pluriel, et des deux genres.

Le *m.* Tu as vu que l'article *les* se place devant tous les noms masculins ou féminins, commençant par une voyelle ou une consonne ; une *h* muette ou *aspirée*. Dis-moi si les articles contractés *des*, *aux*, se placent aussi devant tous les noms pluriels.

L'*él.* Oui : Monsieur.

Le *m.* En voici des exemples. La maison *des* pères.

La pêche *des* harengs (mis pour *de-les*).

Les devoirs *des* enfants.

Le bonheur *des* hommes.

La punition est due *aux* paresseux.

Il est fête *aux* hameaux voisins (pour *à-les*).

Nota. — Je laisse aux maîtres à décider s'il ne serait pas plus à propos de donner, au chapitre même de l'article, les notions que je donne ici sur l'article élidé. Les enfants, par leur lecture, sont déjà familiarisés avec l'apostrophe. En outre, on les accoutumerait à distinguer un nom masculin singulier au moyen de *le* ou *un*, et un nom féminin singulier au moyen de *la* ou *une*.

Quant à l'article contracté, il doit rester au supplément.

ADJECTIFS, PRONOMS ET LES 4 CONJUGAISONS.

Le maître n'aura point à entrer ici dans des définitions, il fera connaître aux enfants les différentes sortes d'adjectifs et de pronoms par une suite de phrases dans lesquelles il fera entrer ces deux espèces de mots (voir page). La définition des idées de démonstration, de possession, de relation, d'indéfini, doit être réservée pour le temps où l'on pourra mettre une grammaire entre les mains des enfants ; mais la connaissance des adjectifs et des pronoms que l'on emploie en français pour répondre à ces idées de démonstration, etc., doit entrer dans les premières notions à donner aux enfants.

Quant aux quatre conjugaisons, le maître suivra la même marche que pour les verbes auxiliaires. Il pourra ajouter la division des temps des verbes en temps simples et composés, primitifs et dérivés. Il pourra même demander à la mémoire des enfants de retenir qu'il y a cinq sortes de verbes-adjectifs.

QUESTIONNAIRE.

Première Partie.

Combien l'alphabet français renferme-t-il de lettres ?

Combien y a-t-il de voyelles ? Les nommer.

Combien y a-t-il de consonnes ? Les nommer.

Qu'entend-t-on par minuscules et majuscules ?

Combien y a-t-il d'accents ? Les nommer.

Combien y a-t-il de signes de ponctuation ? Les nommer.

Nommer les autres signes orthographiques.

Combien y a-t-il de sortes d'*e* ? Les nommer.

Quel est l'accent que l'on emploie sur l'*e* fermé et sur l'*e* ouvert ?

Pourquoi s'emploie l'y grec ?

Combien y a-t-il de sortes de *h* ? Les nommer.

Comment divise-t-on les voyelles ?

Quel accent met-on sur les voyelles longues ?

Reconnaître le nombre de syllabes d'un mot.

Combien y a-t-il de genres, de nombres ? Les nommer.

NOTA. — Le maître fera remarquer que l'accent aigu ne se met que sur les *e* fermés ; l'accent grave que sur les voyelles *a e*, et que l'accent circonflexe se met sur cinq voyelles *a e i o u*.

2ᵐᵉ PARTIE.

Combien y a-t-il d'espèces de mots ? Les nommer.

Combien y a-t-il de mots variables ? Les nommer.

Combien y a-t-il de mots invariables ? Les nommer.

Combien y a-t-il de mots variables pour le genre et le nombre ? Les nommer.

Qu'est-ce que le nom ?

Quel est, au singulier, l'article masculin et l'article féminin.

Quel est l'article au pluriel des deux genres ? Quel moyen emploie-t-on pour reconnaître si l'article *les* est masculin ou féminin.

Qu'est-ce que l'article ?

Qu'est-ce que l'adjectif ?

Tous les noms en français ont-ils les deux genres ?

Comment forme-t-on le féminin dans les noms terminés par un *e* muet, et dans les adjectifs ?

Comment forme-t-on le féminin dans les noms de toute terminaison autre que l'*e* muet, et dans les adjectifs, et dans le participe passé ?

Quelle remarque faut-t-il faire pour les noms terminés par *ier* ou *er*, et pour les adjectifs ?

Quelle remarque faut-il faire pour les noms terminés par *x*, et pour les adjectifs ?

Quelle remarque faut-il faire pour les adjectifs terminés par un *f*.

Quelle remarque faut-il faire pour les noms terminés par *en, et, on*, et pour les adjectifs.

Quelle remarque faut-il faire pour les adjectifs terminés par *el* ou *eil* ?

Comment les noms en *eur* forment-ils leur féminin, et les adjectifs ?

Comment les noms terminés pas *s-x-z* forment-ils leur pluriel, et les adjetifs, et le participe passé ?

Comment forme-t-on le pluriel dans les noms de toute autre terminaison, et dans les adjectifs, et dans le participe passé ?

Quelle remarque faut-il faire pour les noms terminés par *au, ou, al*, et pour les adjectifs ?

Quel est le mot variable pour le genre, le nombre et les personnes ?

Combien y a-t-il de personnes ?

Quel pronom emploie-t-on pour la première personne masculin et féminin singulier, et pour le pluriel ?

Quel pronom emploie-t-on pour la 2me personne masculin et féminin singulier, et pour le pluriel ?

Quel pronom emploie-t-on pour la 3me personne masculin singulier, et pour le pluriel ?

Quel pronom emploie-t-on pour la 3me personne féminin singulier, et pour le pluriel ?

Qu'est-ce qu'un pronom ? Qu'entend-on par 1re, 2me et 3me personnes ?

Quel est le mot variable pour les modes, les temps, les personnes et le nombre ?

Combien y a-t-il de verbes auxiliaires ? Les nommer.

Combien y a-t-il de modes, de temps ? Les nommer.

Combien y a-t-il de présents, passés, futurs ? Les nommer.

Citer quelques mots invariables, adverbes, prépositions, etc., les plus usités.

SUPPLÉMENT.

Combien y a-t-il de conjugaisons ?

Comment est terminée à l'infinitif, la 1re, la 2me, la 3me et la 4me conjugaison ?

Quelle est la lettre qui marque la 2me personne du singulier (s).

Quelle est la terminaison des 1re 2me et 3me personnes du pluriel. (ons ez ent) (mes tes ont)

Dans quels temps et à quelles personnes met-on l'accent circonflexe ?

Quand supprime-t-on *e* ou *a* dans le ou la? Que met-on à la place de *e* ou *a*?

Comment peut-on connaître si l'apostrophe tient la place de *e* ou *a*?

Pourquoi est mis *du-au*? Devant quels noms place-t-on *du-au*?

Pourquoi est mis *des-aux*? Devant quels noms place-t-on *des-aux*?

Quelles prépositions trouve-t-on dans les articles contractés.

Combien y a-t-il de sortes d'adjectifs? Les nommer.

Quels sont les adjectifs démonstratifs, numéraux, possessifs et indéfinis, au masculin, au féminin singulier et au pluriel?

Combien y a-t-il de sortes de pronoms? Les nommer.

Quels sont les pronoms personnels, démonstratifs, possessifs, relatifs, indéfinis.

Le maître doit voir que pour former, si je pouvais m'exprimer ainsi, l'arbre des dix espèces de mots, il doit suivre dans ses exercices et son analyse la marche suivante.

FORMATION SUCCESSIVE

Des dix espèces de mots.

Le nom.

Noms de personnes et de choses. -- Pierre, Joseph, banc, table, etc.

L'article. — Le, la, les.

Le banc, la table, les papiers.

L'adjectif. — Sage, bon, paresseux, etc.

Le père bon, la fille sage, le garçon paresseux.

Le participe passé. — Aimé, donné, fini, etc.

Le fils aimé, le livre donné, le devoir fini.

FORMATION DU FÉMININ.

Noms d'un seul genre. — Le soldat, la souris, le père, la mère.

Le blé, le persil, la rose, etc.

Terminaison de l'e muet. — Le malade sage, le propriétaire facile.

La malade sage, la propriétaire facile, etc.

Toute autre terminaison. — Le filleul grand, le babillard importun.

La filleule grande, la babillarde importune, etc.

Le père aimé, le livre vendu.

La mère aimée, la grammaire vendue, etc.

Le fermier familier, le travail journalier.

La fermière familière, la récompense journalière, etc.

Le frère cher, Le garçon léger.

La sœur chère, la fille légère, etc.

Le jaloux honteux, le domestique actif.

La jalouse honteuse, la servante active, etc.

Le chrétien pieux, le mur mitoyen.

La chrétienne pieuse, la maison mitoyenne, etc.
Le muet malheureux, le vigneron bon.
La muette malheureuse, la vigneronne bonne, etc.
Le péché originel, le vase pareil.
La faute originelle, la robe pareille, etc.
Le voyageur trompeur, l'inspecteur conciliateur.
La voyageuse trompeuse, l'inspectrice conciliatrice, etc.
Le fils pécheur, le bailleur usurier.
La fille pécheresse, la bailleresse usurière, etc.

FORMATION DU PLURIEL.

Terminaison s-x-z.

Le printemps mauvais, le bras démis, le corps gros.
Les printemps mauvais, les bras démis, les corps gros.
Le courroux dangereux, le nez épais.
Les courroux dangereux, les nez épais, etc.

Toute autre terminaison. — le malade sage, le filleul grand, le livre vendu, les malades sages, les filleuls grands, les livres vendus ; la mère aimée, la babillarde importune, les mères aimées, les babillardes importunes ; le détail avantageux, le gouvernail brisé, les détails avantageux, les gouvernails brisés ; le trou rempli, le méchant trompeur, les trous remplis, les méchants trompeurs ; le vase pareil, la robe pareille, les vases pareils, les robes pareilles, etc.

EXCEPTÉ. — *eau, au, eu, al.* — le flambeau nouveau, le neveu prudent, les flambeaux nouveaux, les neveux prudents ; le tuyau solide, le tribunal partial, les tuyaux solides, les tribunaux partiaux, etc.

Les pronoms personnels. — *je, tu, il ou elle, nous, vous, ils, ou elles.*

Les verbes auxiliaires — *être et avoir.*

Je suis le maître, tu es le fils chéri ; nous sommes les maîtres, vous êtes les fils chéris ; il est le vengeur, ils sont les voyageurs malheureux ; elle est la vengeresse, elles sont les voyageuses malheureuses ; j'avais le livre, elle avait été bonne, nous fûmes tranquilles, etc.

Mots invariables.

Adverbe. — Je serai sage demain, toujours.

Préposition. — Le livre de Pierre. Je suis en France.

Conjonction. — La plume et l'encrier, je serai bonne demain, car j'ai été mauvaise aujourd'hui.

Interjection. — Hélas ! je suis malheureux, etc.

SUPPLÉMENT.

Article élidé. — L'écolier, l'âme.

Article contracté. — La maison du père, les maisons des pères, etc.

Les Adjectifs

Qualificatifs. — L'enfant charmant, l'écolier sage, etc.

Démonstratifs. — Cet enfant a été tranquille, ces enfants ont été sages.

Numéraux. — J'ai deux plumes, il a un livre.

Possessifs. — Mon livre est vieux, votre papier est sale.

Indéfinis. — Quel enfant a été sage, chaque écolier sera docile.

Les Pronoms.

Personnels. — Il lui a été bon, toi tu seras sage, etc.

Démonstratifs. — Les habitants de l'air et *ceux* de la terre, etc.

Possessifs. — Ce livre a été le mien, j'ai ma plume et tu as la tienne.

Relatifs. — L'enfant qui est docile, la fille qui est sage, etc.

Indéfinis. — Quiconque aura été studieux, sera récompensé, etc.

Les Verbes Adjectifs (4 Conjugaisons).

Cet enfant aime son père, il travaille bien, etc.

Pierre finira le travail de son camarade, etc.

Cette jeune fille a reçu la récompense qui lui était due, etc.

Ces écoliers auront rendu leur devoir demain, etc.

NOMS, ADJECTIFS ET PARTICIPES PASSÉS

Pour la formation du féminin.

Noms de personnes. — Auteur, peintre, magistrat, assassin, artisan, père, frère, oncle, neveu, garçon, monsieur, roi, serviteur, mère, sœur, tante, nièce, fille, madame, reine, servante.

Noms d'animaux. — Rossignol, souris, vipère, allouette, rat, tortue, merle, baleine, moineau, grive, mulot, mauve, corbeau, corneille, éléphant, belette, cygne, taupe, hareng, caille, renard, perdrix, blaireau, pie, merlan, morue, serpent, fauvette, crapeau, grenouille, anguille, lézard, hanneton, mouche, cheval, poulain, taureau, bouc, porc, jars, cochon, dindon, jument, pouliche, vache. chèvre, truie, oie, coche, dinde, coq, canard, bélier, cerf, sanglier, lièvre, bourdon, poule, cane, brebis, biche, laie, hase, abeille, singe, chevreuil, perroquet, guenon, chevrette, perruche.

Noms de plantes , de fleurs et de fruits.

Blé, orge, œillet, rose, persil, carotte, navet, rave, chou, oseille, raisin, cerise, abricot, pêche, colza, avoine, foin, luzerne, trèfle, vesce, prunier, pommier, sapin, hêtre, orme, vigne, fraise, framboise, poire, pomme, salsifis.

Noms de choses en général.

Banc, table, livre, plume, cahier, règle, encrier, carte, crayon, chaise, fauteuil, classe, tableau, porte, papier, cour, fenêtre, poêle, jardin.

Cuisine, cave, grenier, cheminée, toît, chambre, cellier, grange, poulailler, écurie, pressoir, laiterie.

Pantalon, chemise, gilet, veste, habit, cravate, soulier, botte, chapeau, casquette, bas, redingotte.

Front, tête, œil, oreille, nez, bouche, menton, langue, cou, épaule, pied, jambe, bras, coude, doigt.

Louchet, fourche, rateau, pelle, chariot (mieux charriot), charrue, charrette, seau, cuve, chandelier, chandelle.

Gril, casserole, plat, assiette, couteau, fourchette, pot, soupière, trépied. baratte, fourneau, cuillère ou cuiller.

Marteau, scie, compas, équerre, rabot, lime.

Noms de métaux.

Or, argent, fer, plomb, étain, cuivre.

Noms de fleuves.

Rhône, Seine, Rhin, Loire, etc.

Nota. — Je recommande aux maîtres de ne point donner l'idée du masculin par celle de *mâle*, ni l'idée du féminin par celle de *femelle*, mais bien de demander à l'enfant. (Dis-tu *le* ou *la*, *un* ou *une*).

Pensionnaire , propriétaire , esclave , impie , élève , sauvage , malade , idolâtre , locataire , dépositaire , belge , maître , etc.

Sage , aimable , agréable , utile , sévère , solide , terrible , barbare , libre , illustre , célèbre , céleste , maigre , docile , fidèle , volage , noble , superbe , tranquille , coupable , double , facile , difficile , soudain , certain , mondain , etc.

Filleul , idiot , habitant , villageois , bourgeois , campagnard , marquis , ami , marchand , gourmand , bossu , babillard , mendiant , orphelin , défunt , infortuné , etc.

Poli , grand , petit , ignorant , innocent , méchant , vrai , profond , civil , importun , pur , commun , clair , obscur , délicat , mauvais , savant , aigu , pointu , vain , insouciant.

Aimé , fini , reçu , rendu , acquis , remis , acheté , bâti , dû , vendu , baptisé , empli , cultivé , récité , défendu , etc.

Cuisinier , jardinier , fermier , écolier , cafetier , épicier , chapelier , cordonnier , perruquier , ouvrier , meunier, etc. Étranger, messager, ménager, boulanger, boucher , linger , herbager , écailler , fromager , etc.

Amer , léger , cher , étranger , mensonger , passager , etc. Atelier , dernier , premier , fier , entier , carnassier , singulier , tracassier , familier , guerrier , hospitalier , journalier , meurtrier , nourricier , particulier , printanier , rancunier , régulier , etc.

Epoux , lépreux , goutteux , jaloux , paresseux.

Vertueux , orgueilleux , malheureux , ambitieux , dangereux , odieux , généreux , courageux , laborieux , honteux , délicieux , etc.

Veuf, actif, bref, vif, plaintif, craintif, neuf, tardif, instructif, persuasif, excessif, rétif, vindicatif, natif, offensif.

Chrétien, païen, chien, gardien, citoyen, européen, paroissien, comédien, musicien, doyen.

Mitoyen, ancien, moyen, aérien, mien, quotidien.

Sujet, minet, cadet, poulet, pauvret.

Coquet, violet, propret, douillet, net, fluet, doucet, mollet.

Lion, fripon, baron, bouffon, échanson, champion, espion, vigneron, luron, poupon.

Bon, mignon, bourbon, bourguignon, brouillon.

Cruel, criminel, actuel, maternel, paternel, partiel, mutuel, éternel, universel, tel, annuel, artificiel, casuel, charnel, continuel, originel, vermeil, pareil, non-pareil, etc.

Boudeur, voyageur, travailleur, chanteur, flatteur, parleur, acheteur, danseur, vendeur, fileur, farceur, jaseur, joueur, quêteur, prêteur, blanchisseur, menteur, ravaudeur, raccommodeur, etc.

Trompeur, causeur, grandeur, rongeur.

Inspecteur, instituteur, directeur, protecteur, spectateur, ambassadeur, fondateur, lecteur, conducteur, calomniateur, accusateur, débiteur, testateur, donateur, adorateur, cultivateur.

Créateur, accélérateur, consolateur, exécuteur, adulateur, conservateur, conciliateur, imitateur, modérateur.

Bailleur, défendeur, demandeur, devineur, vengeur, enchanteur.

NOMS, ADJECTIFS ET PARTICIPES PASSÉS

Pour la formation du pluriel.

Dos, bois, souris, printemps, corps, palais, héros, succès, remords, laquais, amas, cadenas, compas, repas, lacs, vers, trépas, bas, procès, embarras, bras, progrès, mets, matelas, lilas, revers, etc.

Mauvais, divers, frais, pervers, épars, gros, gras, bas, épais, français, las, gris, confus, inclus, perclus.

Acquis, conquis, mis, permis, promis, admis, remis, absous, etc.

Epoux, jaloux, courroux, paix, crucifix, croix, perdrix, prix, choix, toux, houx, faux, doux, roux, vertueux, studieux, etc.

Nez, gaz.

Reprendre les noms, adjectifs et participes passés déjà donnés en exercices. La loi, les lois, le peintre, les peintres, etc.

Faire entrer dans la même règle les noms terminés par *ail*, *ou*, *ant*, *ent*.

Détail, gouvernail, camail, plumail, épouvantail, évantail, poitrail, portail, détail.

Clou, amadou, cou, sou, acajou, coucou, matou, toutou, fou, licou, trou, verrou, bambou, filou.

Ne pas admettre de supprimer le T au pluriel des mots en *ant*, *ent* : L'enfant, les enfants, prudent, prudents, etc.

Marteau, agneau, carreau, noyau, étau, hoyau, joyau, tuyau, aloyau, fléau, flambeau, anneau, etc.

Beau, nouveau, jumeau.

Dieu, cheveu, jeu, vœu, adieu, essieu, milieu, aveu, moyeu, neveu, pieu, lieu, désaveu, enjeu.

Tribunal, métal, animal, mal, canal, maréchal, capital, cardinal, arsenal, local, général, minéral, piédestal, total, bocal, caporal, signal, étal, hôpital, fanal, journal, etc.

Social, national, végétal, moral, original, royal, partial, brutal, égal, électoral, inégal, infernal, légal, latéral, loyal, rival, etc.

ERRATA.

Pages 7, ligne 9, au lieu de quel est cette accent, *lisez* quel est cet accent ?

8, Au lieu de combien il y a-t-il, *lisez* Combien y a-t-il ?

Cette remarque s'applique à toutes les phrases interrogatives écrites de la même manière, pages 27, 28, 29.

15, ligne 25, au lieu de qu'est que, *lisez* qu'est-ce que.

18, ligne 26, au lieu de dans les mots en f., *lisez* dans les mots.

26, ligne 5, au lieu de la place du nom masculin, *lisez* la place d'un nom masculin.

EXTRAIT

DU

CATALOGUE DE LA LIBRAIRIE O. PRUDHOMME

ARTICLES GÉNÉRAUX.

Alphabets, Chiffres à jour, Vignettes, Ardoises et
Crayons. — Albums. Boîtes et tablettes de couleur, ordinaires,
fines et superfines. — Boîtes de mathématiques, Equerres,
Compas, Tire-lignes, Canifs, Grattoirs, Poinçons,
Cachets. — Cartes géographiques, Plans, Atlas,
Cartes et Courroies d'écolier, Cartons,
Chapelets, Christ, Médailles,
Scapulaires. — Bénitiers.
Christ avec pied de toutes dimensions.
Cire et Pains à cacheter. Courbes, Bâtonnets
et Règles assorties. Couteaux à papier. Plioirs. Crayons
de toutes qualités. Encriers de toutes espèces, *nouveaux*.
Estampes, Tableaux et Cadres. Equerres pour arpenteurs.
Fermoirs, Coins et Chiffres. — Gomme élastique, Colle à bouche.
Grand Assortiment de Livres pour Prix. — Gravures de
piété et sujets d'histoire. Images fines et communes,
grand assortiment. Signets. Livres de prières.
Livres notés en plain-chant. Manuel des Arts et Métiers.
Mètres et Décamètres. Modèles d'écriture et Bons-Points.
Ouvrages pour l'Instruction Primaire, Elémentaire et Supérieure.
Papiers à écrire, des meilleures Fabriques. Papiers vélins
pour Dessins et Plans. Papiers fins, à lettres. Papiers à
vignettes d'or et d'argent. Papiers réglés pour musique
et plain-chant. Papier végétal. — Plumes à
écrire, grand assortiment. Plumes
métalliques sur cartes
et en boîte. — Poudre de buis.
Portefeuilles de toutes espèces. Pinceaux
et Godets pour peinture. Porte-Plumes. Porte-
Crayons et mine. Poudre d'or, Avanturine, etc.
Principes de Dessin. Registres de toutes dimensions, tracés
et lignés, solidement reliés. Sandaraque. Sébiles à poudre, etc.
Semainiers. Presse-papier. Tableaux de lecture et de système métrique.
Transparents pour les classes. Id. très-fins pour le commerce.

IMPRESSIONS EN TOUS GENRES